따개비 한문숙어·7

2023년 5월 12일 초판 17쇄 발행

글 · 그림 | 오원석
펴낸이 | 우종갑
펴낸곳 | 늘푸른아이들
주소 | 서울시 도봉구 도봉로 137길 55, 202호(쌍문동 한신스마트빌)
전화 | 02-922-3133
팩스 | 02- 6016-9815
홈페이지 | www.greenibook.com
출판등록 | 2002년 9월 5일 제16-2840호

ⓒ 오원석 2002

ISBN 978-89-90406-07-2 77700
ISBN 978-89-90406-08-0(세트)
잘못된 책은 바꾸어 드립니다.
이 책에 실린 내용과 사진을 무단전재와 복제를 금합니다.

품명: 도서	전화번호: 02-922-3133	제조년월: 2023년 5월
제조국명: 대한민국	제조자명: 늘푸른아이들
주소: 서울시 도봉구 도봉로 137길 55, 202호	사용 연령: 10세 이상

*KC마크는 이 제품이 공통성안전기분에 적합하였음을 의미합니다.

따개비 한문숙어

글·그림 오원석

7

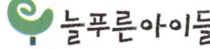
늘푸른아이들

■ 추천사

돌 하나로 네 마리 새를

과자로 지은 집에 살면서 만화로 엮은 책으로 공부를 한다면 얼마나 신나고 재미있을까요. 어린이들은 그런 동화의 나라로 찾아가 살고 싶은 꿈을 지니고 있습니다.

오늘날의 어린이들은 읽을 것과 배울 것이 너무도 많습니다. 어른들은 어린이더러 '내가 어릴 때는 참 공부를 잘했다'라고 자랑하며 본받으라고 하시지만 그건 어른들이 몰라서 하는 말씀입니다.

왜냐하면 어른들의 어린 시절에는 공부하는 내용이 단조로웠기 때문입니다. 날마다 날마다 놀라운 속도로 발전하는 오늘날에는 새로운 이치와 기술과 정보가 홍수처럼 쏟아지고 공부해야 할 내용도 더 많아지고 복잡해지고 어렵게 되었습니다.

그러므로 이 많은 것을 배우는 데 있어서 알기 쉽고 재미있게 가르쳐 줄 것은 생각지 않으시고 그저 공부하라고만 외치십니다.

그렇습니다. 무거운 공부를 가벼운 마음으로 효과 있게 하는 방법을 어른들은 어린이들을 위하여 생각해 내어야 할 것입니다.

바로 그러한 방법의 하나로 이루어진 것이 소년한국일보와 월간 '학생과학'에 연재되었고, 이번에 책으로 나오게 된 〈따개비 한문 숙어〉입니다. 이 책은 어른들도 어려워하던 한문을 아주 쉽고 재미있게 공부할 수 있도록 엮었습니다.

한문 숙어 가운데 一石二鳥(일석이조)란 글귀가 있습니다. 돌

한 개로 한꺼번에 새 두 마리를 잡는다는 뜻이지요. 바꾸어 말하면 한 가지 일을 하여 두 가지 이익을 본다는 뜻입니다. 이 책을 읽은 어린이들은 一石二鳥(일석이조)가 아니라 一石四鳥(일석사조)의 유익함을 얻게 될 것입니다.

첫째로는 한자 공부가 저절로 되어 머리에 쏙쏙 들어가고, 둘째로는 만화 내용 그대로가 우습고 재치가 있어서 재미를 느낄 수 있습니다.

또 셋째로는 다루어진 소재가 시사적인 것이 많아 세상의 형편을 알 수가 있고, 넷째로는 흥미 있게 공부하는 사이 어린이의 생각이 넓어져서 상식이 풍부해지고 교양 있는 어린이가 되어 그 한문 숙어를 표현하고 활용할 수 있게 되기 때문입니다.

진실로 한문을 모르고서는 말과 글의 깊은 뜻을 알 수가 없고, 날이 갈수록 안타까워짐을 어른들에게 물어 보면 잘 알 수 있을 겁니다. 한문은 우리 조상의 슬기와 겨레의 문화 속에 깊이 괴어 있습니다. 외국어 공부보다 더 먼저 더 많이 해야 할 공부입니다.

이렇게 중요하고 따라서 꼭 배워야 할 한문 숙어를 인기 만화가 오원석 씨가 만화 속에 담아서 쉽게 깨닫고 익히도록 해준 것은 정말 고맙고 반가운 일이 아닐 수 없습니다.

전 소년한국일보 사장 · 색동회 회장 **김수남**

차 례

- 추천사 돌 하나로 네 마리 새를 4

구태의연 8	양두구육 52
금지옥엽 10	어부지리 54
기고만장 12	여필종부 56
기상천외 14	역자교지 58
동문서답 16	오리무중 60
망운지정 18	오불관언 62
목불인견 20	오십보백보 64
무지막지 22	와각지쟁 66
미사여구 24	외유내강 68
반신반의 26	용의주도 70
백면서생 28	우유부단 72
분골쇄신 30	욱일승천 74
불치하문 32	유구무언 76
상통하달 34	유아독존 78
선유자익 36	유언비어 80
설상가상 38	유종지미 82
소탐대실 40	이실직고 84
수어지교 42	이열치열 86
승승장구 44	인과응보 88
신출귀몰 46	인사불성 90
심기일전 48	인산인해 92
십상팔구 50	인지상정 94

일구이언	96	좌정관천	140
일망타진	98	주객전도	142
일명경인	100	죽마고우	144
일변도	102	지성감천	146
일사불란	104	진퇴유곡	148
일석이조	106	천군만마	150
일언반구	108	천신만고	152
일언지하	110	천우신조	154
일장일단	112	천정부지	156
일패도지	114	초미지급	158
일확천금	116	패군지장	160
자수성가	118	풍전등화	162
자승지벽	120	피육지견	164
자중지란	122	하로동선	166
자화자찬	124	한우충동	168
장삼이사	126	함흥차사	170
적수공권	128	항룡유회	172
전무후무	130	형설지공	174
정문일침	132	호사토비	176
조령모개	134	혹세무민	178
조삼모사	136	화룡점정	180
좌우명	138	희대미문	182

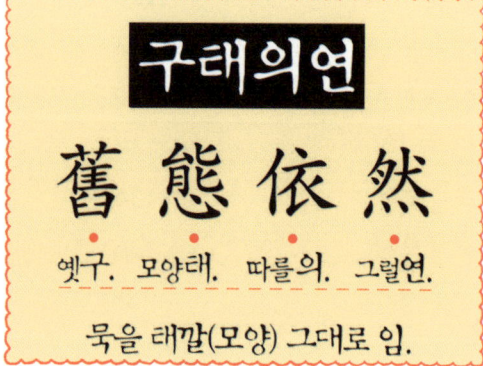

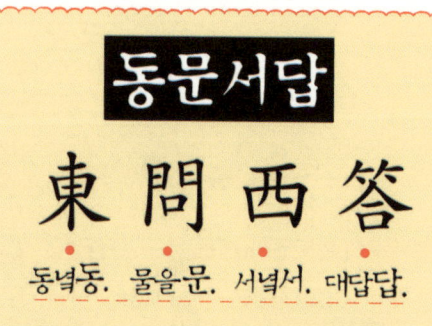

望雲之情
망운지정

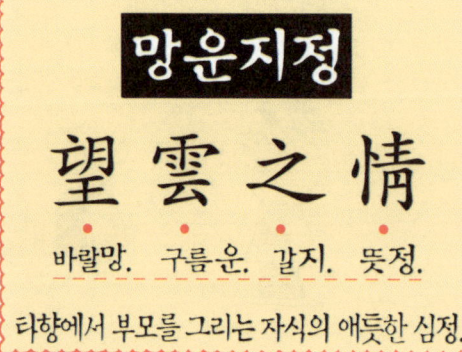

目不忍見
목불인견

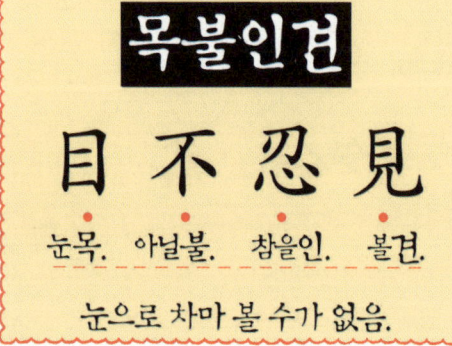

목불인견
目 不 忍 見
눈목. 아닐불. 참을인. 볼견.

눈으로 차마 볼 수가 없음.

美辭麗句
미사여구

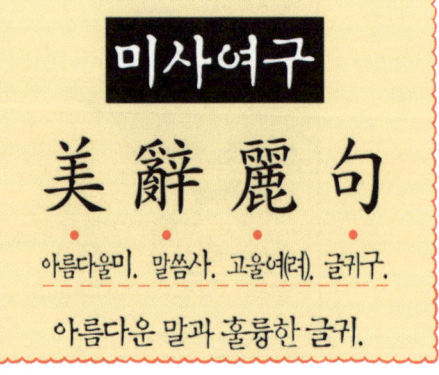

미사여구

美辭麗句

아름다울미. 말씀사. 고울여(려). 글귀구.

아름다운 말과 훌륭한 글귀.

半信半疑
반신반의

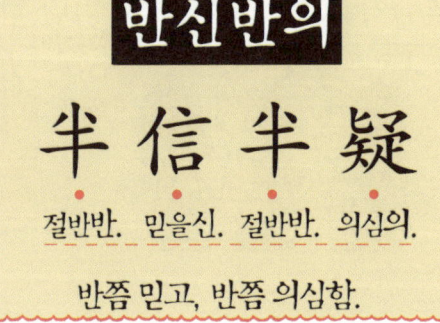

반신반의

半信半疑

절반반. 믿을신. 절반반. 의심의.

반쯤 믿고, 반쯤 의심함.

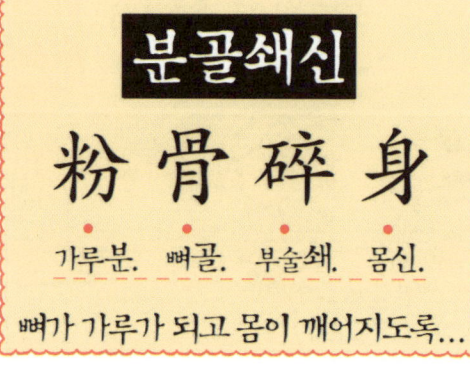

善游者溺
선유자익

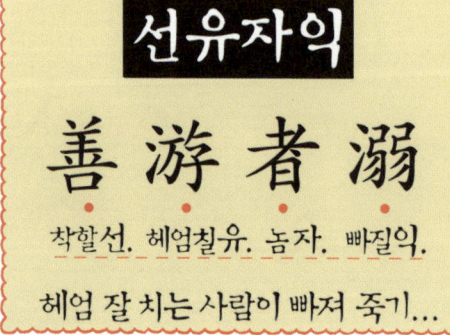

水魚之交
수어지교

수어지교

水魚之交
물수. 고기어. 갈지. 사귈교.

'물'과 '물고기'의 관계처럼...

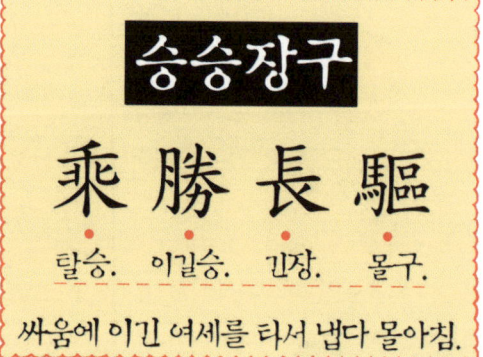

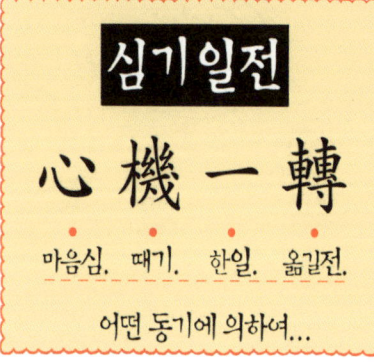

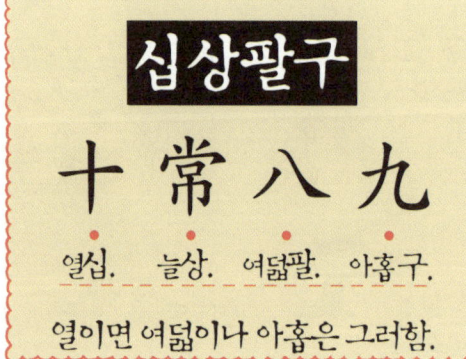

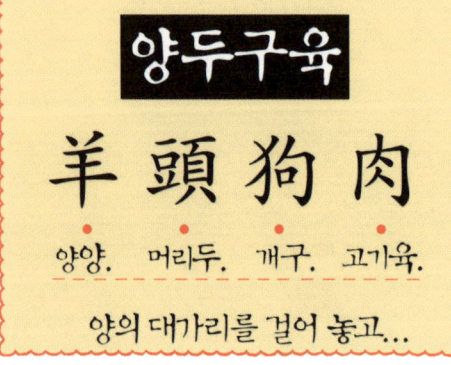

漁父之利
어부지리

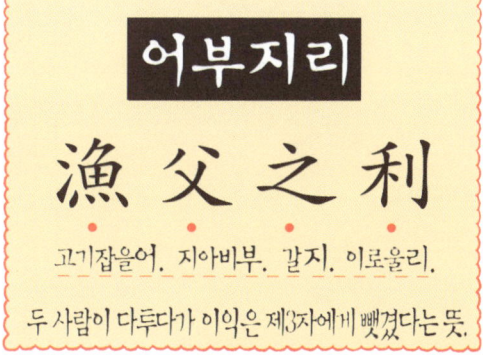

五里霧中
오리무중

오리무중
五里霧中
다섯오. 마을리. 안개무. 가운데중.

5리나 되는 안개 속같이...

오불관언

吾不關焉
나오. 아너불. 빗장관. 어조사언.

나는 상관하지 않음. 또, 그러한 태도.

五十步百步
오십보백보

오십보백보

五十步百步

다섯오, 열십, 걸음보, 일백백, 걸음보.

다소의 차이가 있을망정...

잘못되기는 일반임을 뜻하는 말.

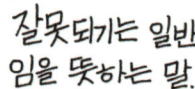
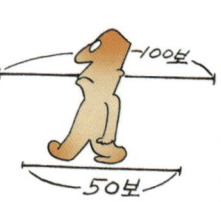

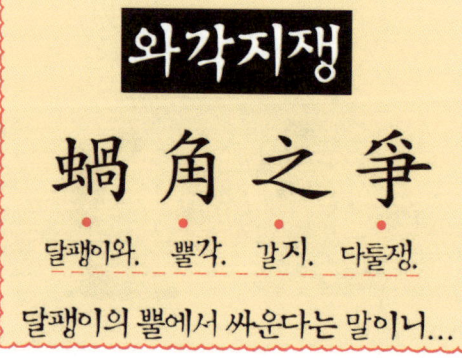

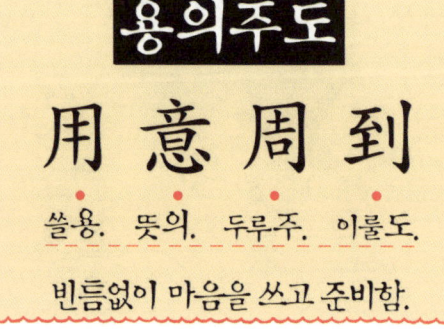

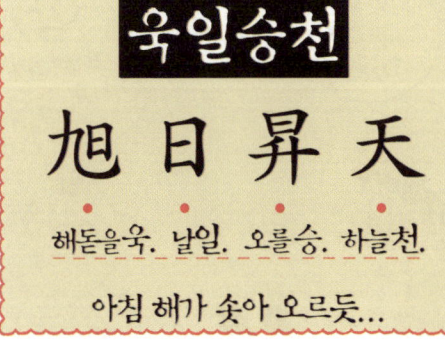

唯我獨尊
유아독존

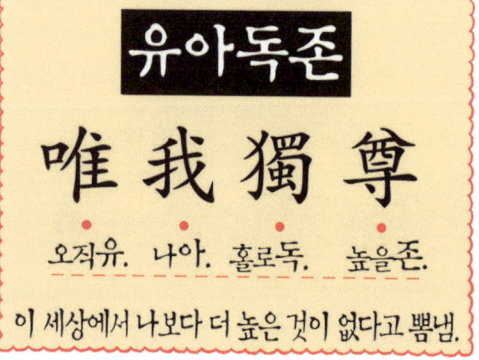

流言蜚語
유언비어

以實直告
이실직고

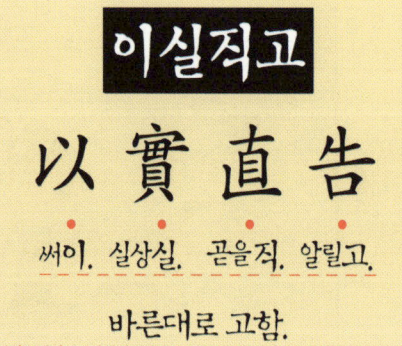

이실직고

以實直告

써 이. 실상 실. 곧을 직. 알릴 고.

바른대로 고함.

因果應報
인과응보

인과응보
因果應報
인할인. 실과과. 응할응. 갚을보.

착한 일을 하면 착한 결과가 있고…

人山人海
인산인해

인산인해

人山人海
사람인. 뫼산. 사람인. 바다해.

사람의 산, 사람의 바다라는 말이니…

人之常情
인지상정

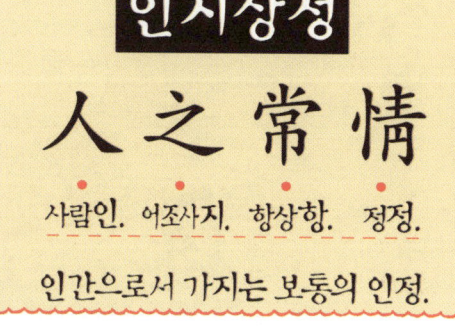

인지상정
人之常情
사람인. 어조사지. 항상항. 정정.

인간으로서 가지는 보통의 인정.

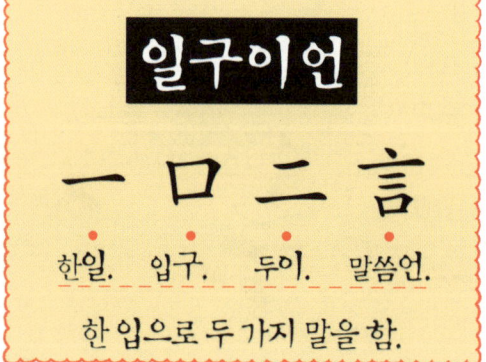

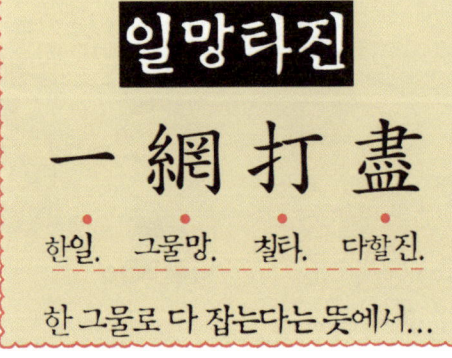

一邊倒
일변도

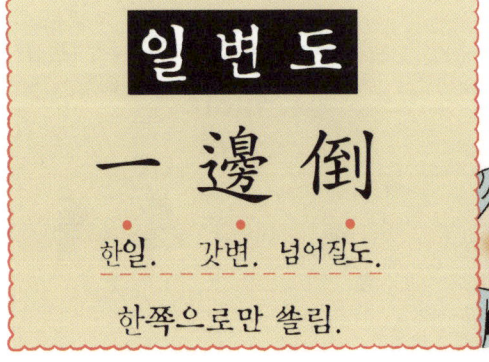

일변도

一 邊 倒

한일. 갓변. 넘어질도.

한쪽으로만 쏠림.

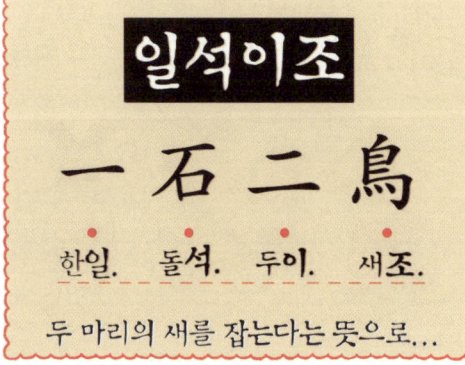

일언반구

一言半句

한일. 말씀언. 절반반. 글귀구.

간단한 말 한 마디와 반 조각 말.

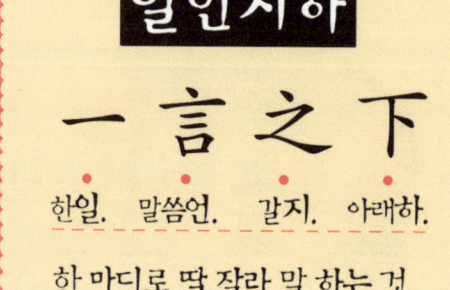

一 長 一 短
일장일단

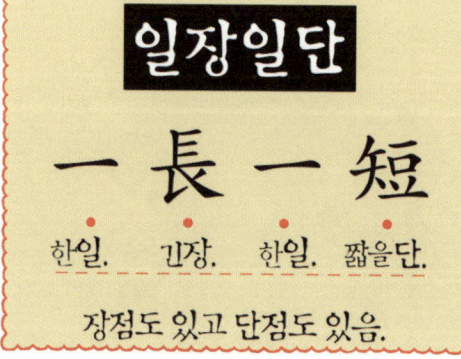

일장일단

一 長 一 短
한일. 긴장. 한일. 짧을단.

장점도 있고 단점도 있음.

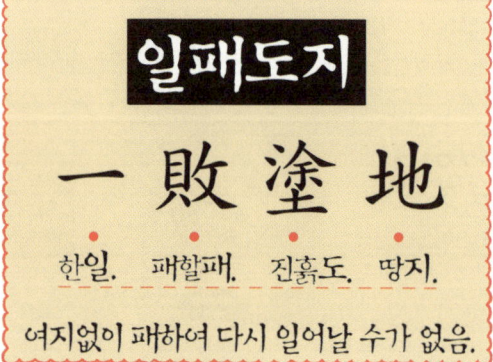

一攫千金
일확천금

일확천금

一 攫 千 金

한일. 움켜질확. 천천. 쇠금.

한꺼번에 많은 돈이나 재물을 얻음.

自手成家
자수성가

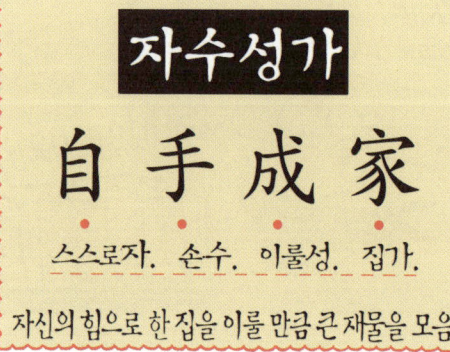

자수성가

自手成家
· 스스로자. 손수. 이룰성. 집가.

자신의 힘으로 한 집을 이룰 만큼 큰 재물을 모음.

自勝之癖
자승지벽

자승지벽
自勝之癖
스스로자. 나을승. 어조사지. 버릇벽.

언제나 제가 남보다 낫다고 여기는 버릇.

벼는 익을수록
고개를 숙이고…

自 中 之 亂
자중지란

자중지란

自中之亂

● 스스로자. ● 가운데중. ● 어조사지. ● 어지러울란(난).

자기네 한 패 속에서 일어나는 다툼질.

自畵自讚
자화자찬

자화자찬

自 畫 自 讚

스스로자. 그림화. 스스로자. 칭찬할찬.
자기가 그린 그림을 스스로 칭찬함.
제 일을 제가 자랑하는 것.

張三李四
장삼이사

장삼이사

張三李四
· 베풀장. 석삼. 오얏리(이). 넉사.

장 서방의 셋째 아들, 이 서방의 넷째 아들.

곧 흔히 어디에나 있는 그런 평범한 사람이란 뜻.

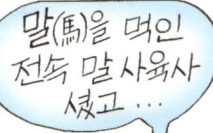

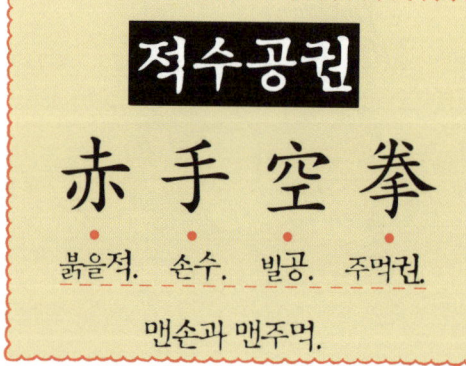

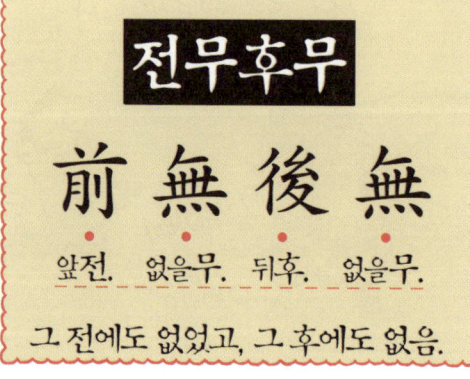

頂門一鍼
정문일침

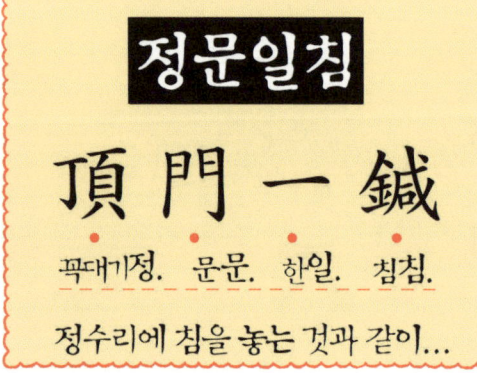

정문일침

頂門一鍼

꼭대기정. 문문. 한일. 침침.

정수리에 침을 놓는 것과 같이...

썩 간절하고 매서운 충고의 비유.

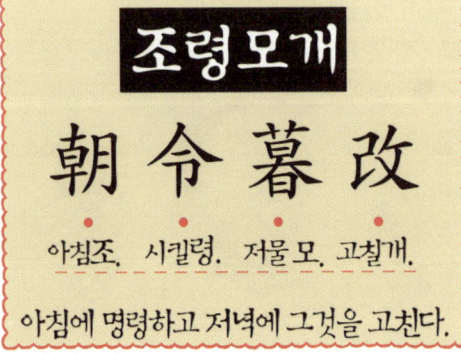

朝 三 暮 四
조삼모사

조삼모사

朝 三 暮 四
아침조. 석삼. 저물모. 넉사.

어리석은 사람을 지혜로 농락하는 것.

座右銘
좌우명

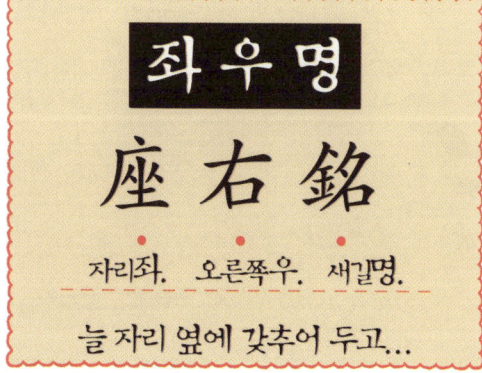

반성하는 데에 이바지하는 격언.

좌우명

座右銘

자리좌. 오른쪽우. 새길명.

늘 자리 옆에 갖추어 두고…

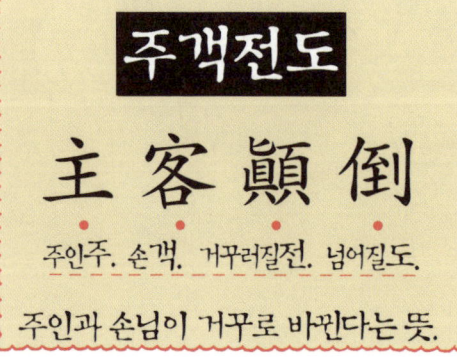

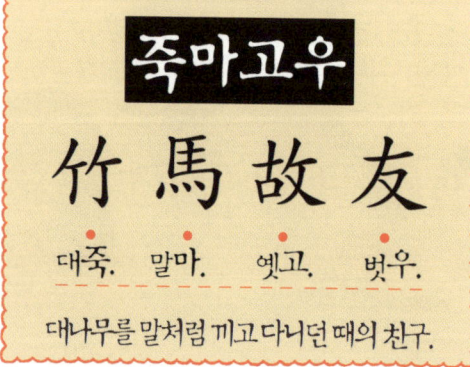

至誠感天
지성감천

지성감천
至 誠 感 天
· 자극할지. 정성성. 느낄감. 하늘천.
지극한 정성에 하늘이 감동함.

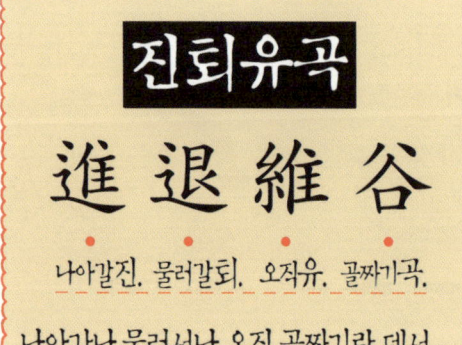

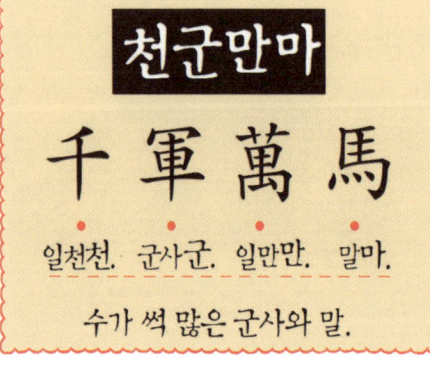

千辛萬苦
천신만고

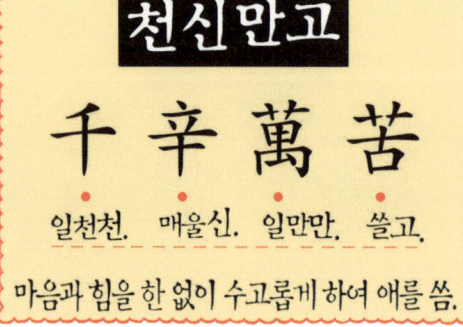

천신만고

千辛萬苦

일천천. 매울신. 일만만. 쓸고.

마음과 힘을 한 없이 수고롭게 하여 애를 씀.

焦眉之急
초미지급

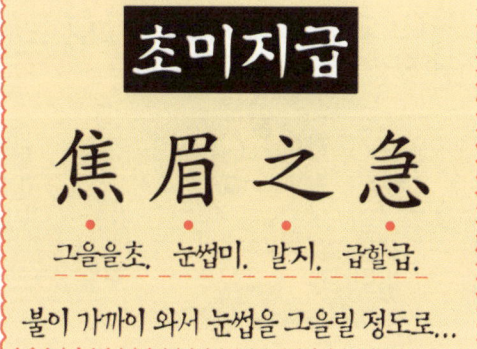

초미지급

焦眉之急

그을을초. 눈썹미. 갈지. 급할급.

불이 가까이 와서 눈썹을 그을릴 정도로...

몹시 급한일.

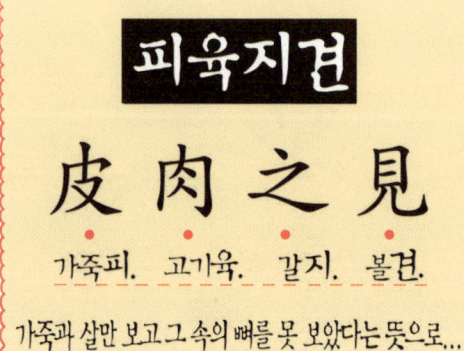

汗牛充棟
한우충동

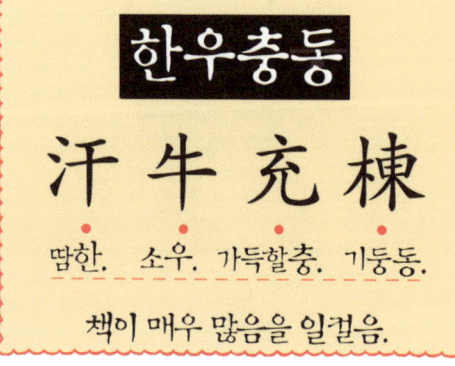

한우충동
汗牛充棟
• 땀한. • 소우. • 가득할충. • 기둥동.

책이 매우 많음을 일컬음.

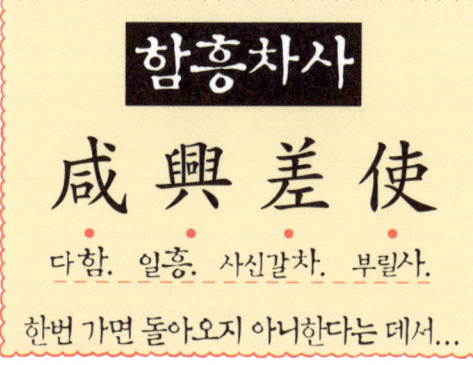

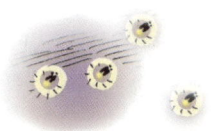

형설지공

螢雪之功
반딧불이형. 눈설. 의지. 공공.

狐死兎悲
호사토비

호사토비
狐死兎悲
여우호. 죽을사. 토끼토. 슬플비.

여우가 죽으면 토끼가 슬퍼한다는 데서...

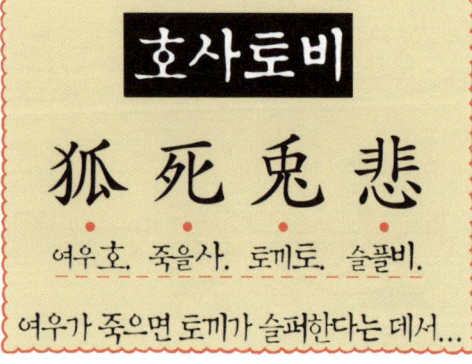

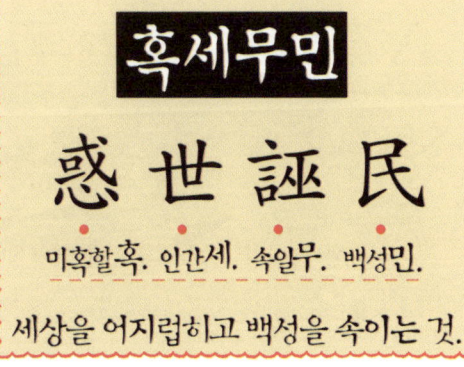

畫龍點睛
화룡점정

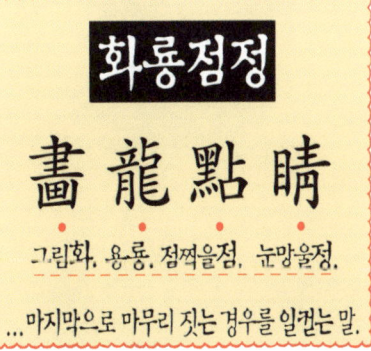

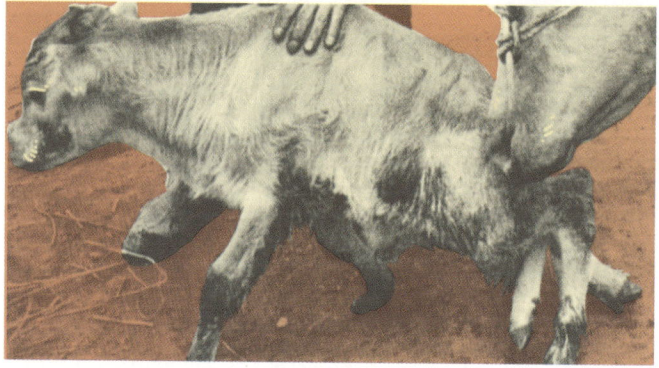